Beate Zacharias · "Hermann, du gehst vor Pfingsten noch zum Arzt!"

Beate Zacharias

"Hermann, du gehst vor Pfingsten noch zum Arzt!"

"Worte sind billig.
Das Größte, was man sagen kann, ist 'Elefant.'"
(Charlie Chaplin)

Bibliografische Information der Deutschen Nationalbibliothek:
Die Deutsche Nationalbibliothek verzeichnet diese Publikation
in der Deutschen Nationalbibliografie; detaillierte bibliografische
Daten sind im Internet über dnb.dnb.de abrufbar.

© 2019 Beate Zacharias
Herstellung und Verlag:
BoD – Books on Demand, Norderstedt

ISBN: 9783739222721

"Unglaublich, – dass man einen Preis bekommen kann für ein Tier, das noch lebt. Als Archäologe!"

"Paläontologe, Marlene! Man dachte ja, das Bernstein-Chamäleon sei ausgestorben. Und dann hat Hermann es wiederentdeckt."

"Müsste er nicht eher nach Knochen von Dinosauriern buddeln?"

"Ich bitte dich, Marlene, Dinosaurier! Die sind doch eine Erfindung für die Kinder, wegen der Plastikfigürchen und Sammelbildchen. Reiner Kommerz!
Dinosaurier hat es doch nie wirklich gegeben."

"Wie die Mondlandung?"

"Ja, genau wie die Mondlandung, Marlene!"

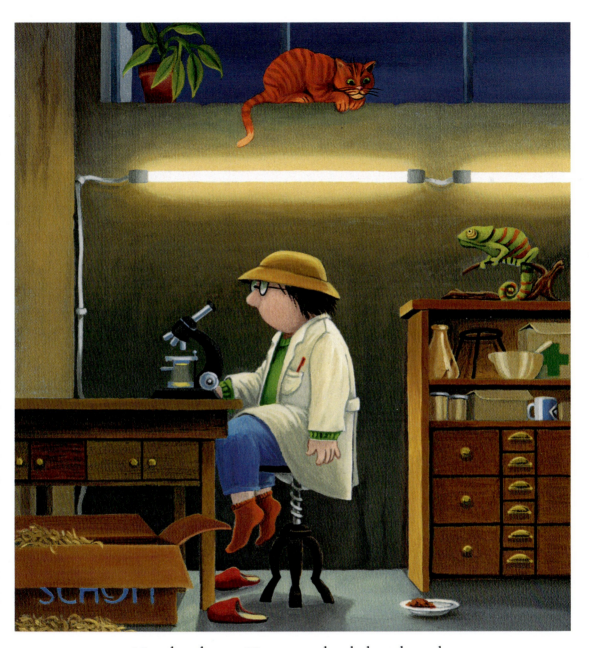

Manchmal weiss Hermann plötzlich nicht mehr,
wonach er eigentlich sucht...

"Stell' dir vor, Marlene, ich habe Hermann gefragt, ob er mitkommt zur Papageien- und Nymphensittich-Ausstellung, und weisst du, was er gesagt hat: 'es gäbe Kinder, die würden die Quallen in's Meer zurücktragen und es gäbe Kinder, die sie mit ihren kleinen Spaten zerhacken würden.' Das ist doch keine Antwort!"

"Nein, das ist ekelhaft."

Sehr schön!
Aber Hermann ist wohl etwas kleiner als Olivias verstorbener Mann.

"Der bewegliche Unterkiefer geht mir nicht aus dem Kopf."

"Könntest du trotzdem versuchen, mit geschlossenem Mund zu kauen, Hermann?"

"Es lässt sich mit Anpassung durch Auswahl einfach nicht erklären. Es muss einen Impuls gegeben haben, der diese Veränderung am Schädel bei einem Teil der urzeitlichen Fische ausgelöst hat. Und nur bei einem Teil, wohlbemerkt!"

"Fisch mache ich sowieso nur freitags."

"Du hast keine Ahnung, wovon ich rede, Olivia, stimmt's?"

"Oh, doch! Du willst dich mit Darwin anlegen. Aber nicht bei Tisch, Hermann, nicht bei Tisch!"

Es war doch Olivias Idee,
dass Hermann zunächst mal in ihr Gartenhaus zieht.
Wo bleibt sie denn jetzt bloß?

"Setz dich, Hermann, dein Kaffee wird kalt.
Was stehst du da so 'rum?"

"In welche Richtung dreht sich die Erde?"

"Warum willst du das denn jetzt wissen?"

"Ich muss in Fahrtrichtung sitzen,
sonst wird mir schnell übel."

Plötzlich fällt Hermann ein, dass er seine Becherlupe vergessen hat.
Blöd, wenn er jetzt ein seltenes Insekt entdeckt.

"Wieso ist 'Charlie' ein blöder Name für den Kater? Ich dachte dabei an Charlie Chaplin..."

"Hermann, der Kater ist rot. Chaplin war schwarz-weiß!"

"Dann kannst du ja auch gleich behaupten, die deutsche Flagge sei keine Trikolore, weil kein Weiß drin ist."

"Was ist das denn für ein blödes Argument?"

"Weiß ist ja auch keine Farbe!"

"Kannst du dir überhaupt noch selber folgen, Hermann?"

"Kann ich, Marlene. Kann ich!"

"Ich heiße Olivia!"

Solange das Wiesenschaumkraut noch blüht,
mäht Hermann den Rasen nicht.

"Du musst deine Besserwissereien mal so formulieren, dass man weiß, was du meinst, Hermann!"

"Ich meinte, dass die Menschen sich zu wenig Zeit nehmen, die Dinge zu Ende zu denken, und vor lauter Ungeduld die falschen Entscheidungen treffen."

"Zum Beispiel?"

"Ein gutes Beispiel wäre die Unterhöhlung ganzer Landstriche durch den Bergbau. Was wären aus diesen enormen Kohleflözen für gigantische Diamantminen entstanden? Schade!"

"Das musst du unbedingt mal Marlene erzählen, Hermann!"

Vollmond! Hermann langweilt sich seit Stunden.

"Hermann hat neulich gesagt, er nähme sich jetzt an den Tieren ein Beispiel und spare sich sein Adrenalin auf – für wenn's mal wirklich lebensbedrohlich wird."

"Wie die Eichhörnchen!"

"Eichhörnchen? Ich dachte eher, wie die Antilopen."

"Die doch nicht. Die finden doch überall 'was zu fressen!"

Der Gedanke, sie könnten es für eine Falle halten, ist Hermann schier unerträglich.

Soeben bemerkt Hermann, dass die Ente
schon seit geraumer Zeit matt ist.

"Marlene will jetzt in ihrem Garten nach Gold graben."

"Viel Glück! Nach meiner Kenntnis wird Gold gewaschen!"

"Ja, Hermann, aber erstmal muss sie es ja ausgraben!"

"Missverständnisse. Immer diese Missverständnisse!"

"Weil du es nicht verstehst, Hermann!"

Gerade noch rechtzeitig bindet Hermann seine Neuzüchtungen an.

"Du wirst dich bei Marlene entschuldigen, Hermann! Du hast ihr gründlich den Nachmittag vermiest. Nicht mit einem Wort hast du den Frankfurter Kranz erwähnt. Marlene hat sich solche Mühe gegeben. Eine Frechheit von dir, Marlene gegenüber ständig und immer wieder über die Mittelmässigkeit des Menschen zu referieren. Nur weil du so fasziniert davon bist, dass eine Ringelnatter länger als eine Viertelstunde unter Wasser bleiben kann.
Lächerlich! Du wirst dich bei Marlene entschuldigen!"

Was für eine blöde Idee von Hermann, einen Wanderfreund zu erfinden.
Jetzt will Olivia ihn kennenlernen.
Sie macht auch einen "Kalten Hund".

"Ich habe den Eindruck, Olivia, es geht bei dir eigentlich immer nur um's Backen und um eine Handvoll Leute, die das Gebackene dann aufessen. Immer im Wechsel. Woche für Woche, jahrein, jahraus..."

"Eine Handvoll Damen, Hermann, und sprich bitte nicht mit vollem Mund!"

Hermann muss feststellen:
die Wahrheit kann ungenießbar sein.

Na, Bravo! Jetzt ist Hermann auch noch
der Fahrradschlüssel 'runtergefallen.

"Ich habe die allergrösste Hochachtung vor den Vögeln, Olivia. Wie die, nur mit ein paar Federn um ihre kleinen Körper herum, lange Winternächte überstehen – fünfzehn dunkle Stunden bei eisiger Kälte, ohne Nahrungsaufnahme. Müssen zehren von den wenigen Krümeln, die sie an den kurzen Tagen gefunden haben. Unglaublich, was diese Vögel aushalten können."

"Und die Ringelnattern erst, Hermann! Halten dabei noch die Luft an!"

Durch Transformation mittels seines alten Cassettenrecorders,
einer ausgeklügelten Halbleitertechnik und Olivias Garage als Resonanzmodul
wird Hermann gleich aus diesem ängstlichen Quieken
das gigantische Brüllen eines Tyrannosaurus Rex rekonstruieren.
Gleich!

FORTSETZUNG
SEITE 47

"Hörst du das Trara da draußen, Hermann?
Sie gehen auf die Fuchsjagd!"

"Schrecklich! Das darf man Kindern nicht erzählen.
Und was man Kindern nicht erzählen kann, damit
stimmt 'was nicht!"

"Es sind einfach zu viele!"

"Kinder?"

"Füchse!"

"Wenn es auf diesem Planeten von irgendetwas
zu viele gibt, Olivia, sind das ja wohl Menschen!
Und vor allem von denen, die nichts dazulernen,
kommen immer mehr hinzu."

"Dann erzähl' das mal den Kindern, Hermann!"

Das gibt Riesenärger!
Hermann füttert die Igel schon wieder vom guten Hutschenreuther.

"Du bist so unglaublich von Gestern, Hermann! Du wehrst dich mit Händen und Füßen gegen ein schnurloses Telefon während die Menschen bereits zum Mond fliegen! "

"Irrtum, Olivia. Sie fliegen schon lange nicht mehr zum Mond!"

So nimmt Olivia Hermann auf gar keinen Fall mit zum Kostümball.

Eigentlich wollte Hermann sie ja schon während der Verlosung gegen den Füller tauschen.

"Ich halte es für absolut gegen die menschliche Natur, sich nach dem Ableben einäschern zu lassen, Olivia. Zur Menschwerdung hat man sich immerhin neun Monate Zeit genommen – da sollte dann doch auch eine angemessene Verrottungsphase mit in's Konzept aufgenommen werden."

"Aha. Hast du nicht mal erzählt, dass du früher Sprengmeister werden wolltest?"

Wenn Hermann sich einmal festgelesen hat,
kann er alles um sich herum vergessen.

"Die Wissenschaft ist völlig auf den Hund gekommen, Olivia! Alte Einbauküchen werden pulverisiert, ihre Moleküle zerlegt und so wieder zusammengesetzt, dass sie nach Erdbeeren schmecken.
Du denkst, du isst ein Fruchtjoghurt und in Wirklichkeit isst du eine alte Einbauküche."

"Ich muss nicht unbedingt eine neue Einbauküche haben – ein neuer Herd würde mir schon reichen!"

Nach dem Streit mit Olivia auf dem Weihnachtsmarkt
nimmt Hermann jetzt den Bus.

"Hermanns Wäsche brauche ich immerhin
nicht zu machen, die macht er selbst.
Von Hand!"

"Handwäsche?"

"Er sagt, damit er das Rucksackreisegefühl
nicht verliert."

"Er hat Rucksackreisen gemacht?"

"Aber sicher – damals in Afrika.
Auf Forschungsreise für seine Doktorarbeit."

"Ach, Hermann hat eine Doktorarbeit geschrieben?"

"Er war mal für den Nobelpreis nominiert."

"Und dann wäscht er von Hand?"

"Das hat doch damit gar nichts zu tun, Marlene!
Also wirklich."

Bloß weil ein Jahr zu Ende geht, dreht Hermann nicht gleich durch.

"Weisst du, was Marlene neulich gesagt hat – und reg' dich jetzt nicht auf, Hermann!
Sie hat tatsächlich behauptet, Zitronen bestünden zu fünfundneunzig Prozent aus Sauerstoff!"

"Wir brauchen Menschen wie Marlene, die die Welt verändern."

"Sieh' mal, Olivia, wer wieder da ist!"

"Heisst dein Genörgel, dass du nicht mal zu Ostern von meinem Schweinebraten zu essen gedenkst?"

"Ich gedenke der armseligen Geschöpfe, die in fensterlosen Kerkern vor sich hin vegetieren, während wir hier draussen Wiesen und Wälder genießen, Blumen und Schmetterlinge, Seen und Sonnenschein.
Und jene armen Wesen haben keine Ahnung, dass sie sich auf einem einzigartigen Planeten befinden. Eigentlich leben sie gar nicht – man kann nicht sagen, sie hätten das Licht der Welt erblickt!"

"Hättest du weniger Skrupel, wenn ich einen Maulwurfsbraten machen würde?"

'Es gibt Tage,' findet Hermann, 'da möchte man glatt unsterblich sein!'

"Marlene kann den Kater nehmen, Hermann!"

"Wozu das?"

"Damit wir beide an den Gardasee fahren können."

"Oh, nein – das machen wir anders. Du fährst mit dem Kater und ich kümmere mich um Marlene."

"Du weisst ja nicht, was du da redest, Hermann. Als ob du deinen Kater mit mir verreisen lassen würdest!"

"Dann lass den Kater eben hier und du fährst mit Marlene alleine!"

Hermann träumt sich für ein Viertelstündchen nach Afrika.

"Olivia, die Physik sagt, dass nach dem zweiten Hauptsatz der Thermodynamik das Chaos in einem System immer grösser wird, je mehr von aussen hinein kommt. Am Ende wird das System zusammenbrechen. Das könnte unserer Erde auch passieren. Ist das nicht erschreckend?"

"Denkst du bitte an die Garage, Hermann?!
Am Montag ist Sperrmüll."

Olivia hätte auch etwas eher Bescheid sagen können, dass sie nun doch Marlene mit an den Gardasee schleppt.

Hoffentlich fragt bald mal jemand 'was zu Hermanns Neuzüchtungen...

"Hermann hat sich mal wieder über die Zustände
auf diesem Planeten beschwert, Marlene.
Es ist ihm zu laut! Die Menschheit mache zu viel Lärm.
Ein einziger Radau sei das hier."

"Ja, man kann die Welt nicht ändern, leider."

"Er meint, es wäre schon mal ein Anfang, wenn alle
Menschen Filzschlappen tragen würden."

"Ich gehe doch nicht in Filzschlappen in's Theater!
Wie sieht das denn aus?"

"Immer musst du aus der Reihe tanzen, Marlene.
Wirklich immer!"

Na, bitte – es funktioniert!

zu Seite 27

"Die Welt verändert sich so rasend schnell, Olivia – ich komme gar nicht hinterher. Ich fühle mich wie ein Dinosaurier kurz vor dem Aussterben."

"Du bist ausgestorben, Hermann!
Vor 60 Millionen Jahren."

"Also, wenn schon, Olivia, dann, genau genommen, vor 65 Millionen Jahren."

"Pah! 'Genau genommen!' 60 oder 65!
Wie wollen die das denn auf die paar Millionen Jahre so genau wissen?"

Es ist Hermann egal, ob das Streusalz knapp wird –
Hauptsache, es gibt genug Rosinen für die Amseln.

"Ich sage dir, Hermann, das Schlimmste, was einem im Leben passieren kann, ist, dass man den Glauben verliert."

"Und ich glaube, das Schlimmste ist, wenn man den Humor verliert."

"Das ist ja lächerlich, Hermann!"

Ach du heiliger Bimbam!
Hermann hat sich mit den Feiertagen total verheddert.

"Glaub' mir, Marlene, wenn Hermann **das** schafft,
dann hat er seinen Platz im Leben gefunden!"

"Wenn er **was** schafft?"

"Hermann will jetzt in die Schnaken-Forschung einsteigen.
Ich bin gespannt, ob sie ihn nehmen."

"Diese Blutsauger?"

"Nein, nein," beruhigt Hermann,
"'Korpzione' verbuddeln sich nur im Sand.
Im Wüstensand! Und nur in Afrika!"

Melancholie.